LA LEYENDA DE ÍCARO

por ROB AREGO
ilustrado por GARY UNDERCUFFLER

Printed in the U.S.A.

ISBN 978-0-544-16709-4

3 4 5 6 7 8 9 10 0479 22 21 20

4500798033 A B C D E F G

Hace mucho tiempo, un rey llamado Minos gobernaba la isla de Creta. El rey Minos era un hombre muy poderoso. También era muy codicioso y siempre quería salirse con la suya.

En la isla, el rey Minos quería construir un laberinto gigante donde planeaba esconder al Minotauro, un extraño monstruo, mitad hombre y mitad toro, que había logrado adquirir. Pero ¿quién podría construirle el laberinto? No había ningún hombre en Creta con el talento necesario para construir algo así.

El rey Minos había oído hablar de un famoso ingeniero griego llamado Dédalo. Sus consejeros le dijeron que Dédalo era el único hombre en el mundo capaz de construir un laberinto así... Entonces, el rey Minos envió a sus consejeros a Grecia para convencer al talentoso Dédalo de ir a la isla para construir el laberinto.

La esposa de Dédalo había muerto hacía unos años y le había dejado un único hijo llamado Ícaro. Como en aquel entonces Ícaro era pequeño, su padre no quiso dejarlo solo en Grecia. Los consejeros del rey Minos le dijeron que había una solución sencilla. Podía llevar a su hijo con él. Allí Ícaro estaría a salvo y crecería, fuerte y sano, bajo el cálido sol que bañaba de luz la isla.

Dédalo tenía un mal presentimiento, pero era difícil decirle que no a un rey. Finalmente, Dédalo accedió. Empacó sus cosas y, junto a su hijo, tomó el barco con destino a Creta. Unos días más tarde, desembarcaron en el reino de Minos.

Mientras Dédalo pasaba los días trabajando en el laberinto, Ícaro se quedaba en su choza. Allí jugaba con los demás niños de la isla a medida que crecía. Le llevó muchos años a su padre terminar el laberinto y, cuando estuvo listo, Ícaro ya no era un niño. Era casi un hombre adulto.

Una vez terminado el laberinto, Dédalo quiso regresar a Grecia.

—He terminado—le dijo al rey—. Es hora de que mi hijo y yo regresemos a casa.

El rey Minos estaba muy impresionado con las habilidades del ingeniero y celoso de que sirviera a otros reyes en su tierra natal. El codicioso rey quería que Dédalo se encargase de muchos proyectos más antes de darle permiso para partir.

—Aún necesito de tus servicios —el rey Minos intentó coaccionar a Dédalo para que se quedase en la isla—. ¿Podrías quedarte más tiempo?

—No, es hora de partir —dijo Dédalo—. Fueron muchos años lejos de mi hogar, y ahora quiero que mi hijo viva en la tierra de su madre.

El rey Minos estaba acostumbrado a que todo se hiciese a su manera.

—Entonces te prohíbo que te vayas —dijo el rey Minos y salió rápidamente de la sala, dejando a Dédalo pasmado por el terrible destino que tenía por delante.

Dédalo caminó lentamente de regreso a su choza con lágrimas de dolor en los ojos, pensando en la traición del rey. ¿Por qué había aceptado venir a esta tierra? ¿Por qué había traído a su hijo?

Cuando Dédalo llegó a su choza, Ícaro lo estaba esperando.

—¿Cuándo partiremos hacia Grecia, padre? —preguntó Ícaro, entusiasmado. Se había ido de Grecia cuando era muy pequeño y no podía recordar cómo era su tierra natal.

Dédalo tragó saliva. Luego le explicó la situación a su hijo.

—¿Por qué no nos vamos por nuestra cuenta? —preguntó Ícaro a su padre—. ¿Cómo nos detendrá el rey Minos?

—El rey Minos es un hombre muy poderoso—se lamentó Dédalo—. Tiene muchos barcos. Bloqueará el mar para que no podamos escapar.

—¿No existe otra manera de escapar? —preguntó Ícaro.

Dédalo, afligido, negó con la cabeza.

—¿De qué otra manera podemos escapar de una isla si no es en barco? —consoló a su hijo—. No somos aves.

Dédalo llevó a su hijo a un acantilado desde donde cada noche veían caer el sol. Dédalo se sentó y miró el océano, indignado, en dirección a Grecia, con el cielo rojizo delante de él como una herida que le recordaba con dolor su hogar tan lejano.

En ese momento, una gaviota pasó volando por donde estaban sentados el padre y el hijo. Dédalo observó con curiosidad cómo la gaviota batía sus grandes alas a medida que ascendía más y más en el cielo rosado. La gaviota en vuelo inspiró a Dédalo. En ese instante, tuvo una idea para escapar de la isla.

—Minos será amo de los mares —declaró Dédalo—. Pero no es amo del aire.

—¿A qué te refieres, padre? —preguntó Ícaro.

—Escaparemos por el aire —dijo Dédalo a su hijo.

—¿Cómo haremos? —preguntó Ícaro—. No somos aves.

—Ya verás —dijo Dédalo con una sonrisa cómplice.

Dédalo era un ingeniero famoso e ingenioso. Había hecho muchas cosas maravillosas en su vida, pero necesitaría emplear todo su talento para encontrar una manera de crear alas para él y su hijo.

Dédalo pensó durante mucho tiempo. Finalmente, ideó un plan. Primero, él y su hijo descendieron hasta el pie del acantilado y recogieron todas las plumas caídas de los nidos que había entre las rocas, donde las aves marinas se posaban por la noche. Dédalo y su hijo pusieron todas las plumas en un saco y las llevaron a su choza.

Allí, Dédalo acomodó las plumas en una fila larga sobre su mesa de trabajo. Encendió una vela y colocó las plumas más pequeñas en un extremo de cada ala y las más largas, en el otro. Luego, ató las plumas con hilo. Por último, dejó caer cera de la vela para unir todas las plumas en la base. Cuando salió el sol por la mañana, las alas estaban listas.

Dédalo estaba de pie en la claridad de la fresca mañana y se colocó las alas. Movió los brazos con rapidez. De pronto, se elevó en el aire y sobrevoló encima de su hijo. Cuando bajó a tierra firme, ayudó a Ícaro a colocarse sus propias alas. Ícaro no paraba de sonreír mientras batía las alas despacio. Nunca había imaginado que un día volaría.

—Es hora de partir —dijo Dédalo a su hijo—. Ahora escucha con atención mientras te digo qué hacer.

Ícaro batía suavemente las alas mientras su padre le daba instrucciones precisas. Estaba muy emocionado y le costaba poner atención.

—No vueles demasiado bajo —le indicó Dédalo—. Las alas podrían humedecerse y pesarían demasiado para volar.

—Sí, padre —respondió Ícaro.

—Y no vueles muy alto —le indicó Dédalo—. El calor del sol derretirá la cera, y las plumas se soltarán.

—Sí, padre —respondió Ícaro.

Había llegado el momento de partir. Dédalo llevó a su hijo hasta el borde del acantilado. Lo miró a los ojos y respiró hondo; temía que algo saliese mal. Por un segundo pensó en abandonar el plan, pero lo impulsó la idea de volver a su casa en Grecia. Dio un salto al vacío y dijo:

—Sígueme. Ve detrás de mí y no te alejes. Recuerda lo que te dije.

Ícaro asintió. Agitó las alas y saltó del borde del acantilado. Se zambulló en el aire y enseguida estaba volando.

—Estoy volando —gritó Ícaro, contento.

Fue la sensación más maravillosa que jamás había experimentado. Todos los demás pensamientos desaparecieron. No podía pensar en nada más que volar.

Dédalo y su hijo planearon sobre las olas que golpeaban contra la base de los acantilados. Varios pescadores miraron hacia arriba desde sus botes y se maravillaron con las criaturas que volaban sobre ellos. Pensaron que esas criaturas serían dioses. Jamás habían visto hombres que volaran.

Los hombres de los barcos de Minos también miraron hacia arriba, pero no podían hacer nada para evitar que las criaturas aladas se escaparan de la isla. Minos se enfadaría, pero no había nada que un hombre común pudiese hacer.

Mientras volaba sobre el mar arrollador, Dédalo pensaba en su hogar. De tanto en tanto, miraba hacia atrás para asegurarse de que su hijo estuviese a salvo.

Al principio, Ícaro seguía a su padre de cerca. No volaba ni muy alto ni muy bajo. Pero la proeza de volar era demasiado emocionante para Ícaro. No pudo evitarlo. Pronto cesó en su atención al consejo del padre y ascendió más y más en el cielo.

—¡Mira qué alto puedo volar! —le gritó Ícaro al padre—. ¡Puedo llegar al sol!

Ícaro revoloteó cada vez más alto... Y luego más alto aún.

Dédalo miraba con gran pesar cómo su hijo volaba por encima de las nubes. Temía por lo que estaba a punto de suceder, pero no había nada que él pudiese hacer. ¿Por qué había ideado este plan? ¿Por qué no había aceptado trabajar para el codicioso rey?

—¡Ícaro! —Dédalo llamó a su hijo—. Recuerda lo que te dije. Se derretirá la cera. —Pero Ícaro volaba demasiado alto para escucharlo. Iba a suceder lo que Dédalo temía.

Al rato, Ícaro sintió que el sol le calentaba el cuello y la espalda. El joven imprudente empezó a presumir:

—Estoy a la altura del sol.

Ícaro voló aun más alto. Entrecerró los ojos, porque los intensos rayos del sol no lo dejaban ver. De pronto, la cera de las alas empezó a derretirse. Una por una, las plumas se aflojaron y cayeron hasta que se quedó agitando los brazos desnudos en el aire.

Dédalo voló hacia su hijo, pero ya era demasiado tarde. Ícaro caía rápidamente mientras su padre lo miraba con lágrimas en los ojos sin poder hacer nada.

Por desgracia, la última vez que Dédalo vio a su hijo fue cuando cayó en las aguas cálidas del mar azul. Lo único que quedó de Ícaro fueron las alas, que flotaban y se mecían en aquel océano donde se sumergió para siempre.

Responder

DESTREZA CLAVE **Estructura del cuento**

¿Cuáles son las partes más importantes del mito que acabas de leer? Copia y completa la siguiente tabla para hablar sobre los personajes, el escenario y la trama.

Personajes: • Dédalo • Ícaro	**Escenario:** • ? • ?
Trama • ? • ?	

¡A escribir!

De texto a texto En este mito, Dédalo e Ícaro hacen cosas que los seres humanos no pueden hacer. Piensa en otro mito que hayas leído. Escribe dos párrafos para describir las cosas irreales que hacen los personajes. Usa palabras que ayuden a los lectores a darse cuenta de lo que hacen los personajes.

VOCABULARIO CLAVE

adquirir
cesar
coaccionar
declarar
desgracia
idear
indignado
ingenioso
presumir
sonreír

AMPLIAR EL VOCABULARIO

ingeniero
laberinto
posarse
traición

DESTREZA CLAVE **Estructura del cuento** Examina detalles sobre los personajes, el escenario y la trama.

ESTRATEGIA CLAVE **Preguntar** Haz preguntas antes de leer, mientras lees y después de leer.

GÉNERO Un **mito** es un cuento que muestra lo que un grupo de personas cree acerca del mundo.